4 Avril 1906.

Marqué PN

COLLECTION

D. SCHEVITCH

Collection de M. D. SCHEVITCH

OBJETS D'ART

ET DE

HAUTE CURIOSITÉ

Du Moyen-Age et de la Renaissance

TABLEAUX ANCIENS

CONDITIONS DE LA VENTE

Elle sera faite au comptant.

Les adjudicataires paieront *dix pour cent* en sus des enchères.

L'exposition mettant le public à même de se rendre compte de la nature et de l'état des objets, aucune réclamation ne sera admise une fois l'adjudication prononcée.

Paris. — Imp. Georges Petit, 12, rue Godot-de-Mauroi. — 16367-06.

CATALOGUE

DES

OBJETS D'ART

ET DE

HAUTE CURIOSITÉ

De l'Antiquité, du Moyen-Age et de la Renaissance

FAIENCES, BIJOUX, ORFÈVRERIE, IVOIRES

ÉMAUX CHAMPLEVÉS ET PEINTS

Antiques, Sculptures, Cuivres

SIÈGES EN TAPISSERIE ET MEUBLES DU XVIIIe SIÈCLE

ÉTOFFES — TAPISSERIES

TABLEAUX ANCIENS

Primitifs des Écoles Allemande, Flamande, Hollandaise et Italienne

ŒUVRES DE

BAKHUYSEN, S. COELLO, L. CRANACH,
EL GRECO, LE MAITRE DES DEMI-FIGURES, Q. METSYS, L. MORALÈS
PATENIER, LE PONTORMO, C. DE SESTO, J.-B. TIEPOLO
R. VAN DER WEYDEN

Composant la Collection de M. D. Schevitch

ET DONT LA VENTE AURA LIEU A PARIS

GALERIE GEORGES PETIT

8, RUE DE SÈZE, 8

Les Mercredi 4, Jeudi 5, Vendredi 6 et Samedi 7 Avril 1906

à deux heures

COMMISSAIRE-PRISEUR

Mᵉ PAUL CHEVALLIER, 10, rue Grange-Batelière

EXPERTS

Pour les objets d'art :
MM. MANNHEIM
7, Rue Saint-Georges, 7

Pour les Tableaux :
M. JULES FÉRAL
7, Rue Saint-Georges, 7

ASSISTÉS DE

M. E. MOLINIER, *Conservateur honoraire des Musées nationaux*

29, Rue La Rochefoucauld, 29

EXPOSITIONS

PARTICULIÈRE : Le Lundi 2 Avril 1906, de 1 heure 1/2 à 5 heures 1/2.

PUBLIQUE : Le Mardi 3 Avril 1906, de 1 heure 1/2 à 5 heures 1/2.

ORDRE DES VACATIONS

Le Mercredi 4 Avril 1906

	Nos
Tableaux	1 à 32
Faïences	33 à 58
Orfèvrerie civile	59 à 76
Orfèvrerie religieuse	77 à 103

Le Jeudi 5 Avril 1906

Antiquités, Objets divers	104 à 135
Ivoires	136 à 171
Émaux champlevés	172 à 210

Le Vendredi 6 Avril 1906

Émaux peints	211 à 242
Bijoux	243 à 298

Le Samedi 7 Avril 1906

Sculptures	299 à 336
Bronzes, Cuivres	337 à 353
Meubles	354 à 359
Étoffes, Dentelles	360 à 396
Tapisseries	397 à 404

TABLEAUX ANCIENS

BAKHUYSEN (Ludolf)

1 — *Mer agitée.*

Bois. Haut., 26 cent.; larg., 36 cent.

COELLO (Alonzo Sanchez)

2 — *Portrait d'une Infante d'Espagne.*

Haut., 10 cent.; larg., 7 cent.

CRANACH (Luc Sunder, dit)

3 — *Le Christ et la Femme adultère.*

Bois. Haut., 14 cent.; larg., 23 cent.

CRANACH (Luc Sunder, dit)

4 — *La Vierge et l'Enfant Jésus.*

Bois. Haut., 39 cent.; larg., 25 cent.

GRECO (Théotocopuli, dit El)

5 — *Saint Pierre.*

Toile. Haut., 34 cent.; larg., 24 cent.

JOANÈS (École de Juan de)

6 — *La Vierge portant l'Enfant Jésus.*

Bois. Haut., 50 cent.; larg., 34 cent.

LE MAITRE DES DEMI-FIGURES

7 — *Portrait d'une dame.*

Bois. Haut., 29 cent.; larg., 23 cent.

MAITRE DE FLÉMALE (Attribué au)

8 — *La Vierge et l'Enfant Jésus entourés d'anges.*

Bois. Haut., 85 cent.; larg., 63 cent.

METSYS (Quentin)

9 — *La Vierge en adoration.*

Bois. Haut., 53 cent.; larg., 37 cent.

MORALÈS (Louis de), dit El Divino

10 — *Ecce Homo.*

Bois. Haut., 46 cent.; larg., 32 cent.

MORALÈS (Louis de)

11 — *Le Christ portant la croix.*

Bois. Haut., 36 cent.; larg., 31 cent.

MORALÈS (Attribué à Louis de)

12 — *Ecce Homo.*

Bois. Haut., 12 cent.; larg., 8 cent.

PATENIER (Joachim)

13 — *La Fuite en Égypte.* Triptyque.

Bois. Haut., 29 cent.; larg., 46 cent.

PONTORMO (Jacobo Carrucci, dit Le)

14 — *Le Mariage mystique de sainte Catherine.*

Bois. Haut., 66 cent.; larg., 52 cent.

RAPHAEL (Ecole de)

15 — *La Vierge au voile.*

Toile. Haut., 31 cent.; larg., 32 cent.

SESTO (César de)

16 — *La Vierge et l'Enfant Jésus.* Triptyque.

Bois. Haut., 1 mètre; larg., 99 cent.

TIEPOLO (Jean-Baptiste)

17 — *Portrait d'un noble Vénitien.*

Toile. Haut., 40 cent.; larg., 34 cent.

VARGAZ (Attribué à Louis de)

18 — *La Sainte Famille.*

Bois. Haut., 24 cent.; larg., 18 cent.

WEYDEN (Rogier Van der)

19 — *Le Christ de pitié.*

Bois. Haut., 34 cent.; larg., 26 cent.

ÉCOLE DE COLOGNE (XVe siècle)

20 — *La Vierge, l'Enfant Jésus et un donateur.*

Bois. Haut., 21 cent.; larg., 7 cent.

ÉCOLE ESPAGNOLE (XVe siècle)

21 — *La Sainte Face.*

Bois. Haut., 52 cent.; larg., 39 cent.

ÉCOLE ESPAGNOLE (XVe siècle)

22 — *Deux bannières se faisant pendant.*

Toiles. Haut., 2 mètres; larg., 1 mètre.

ÉCOLE ESPAGNOLE (Fin du XVe siècle)

23 — *Le Roi David.*

Bois. Haut., 42 cent.; larg., 40 cent.

ÉCOLE ESPAGNOLE (XVIe siècle)

24 — *Portrait de jeune femme.*

Cuivre. Haut., 5 cent.; larg., 4 cent.

ÉCOLE ESPAGNOLE (Fin du XVIe siècle)

25 — *Le Sommeil de l'Enfant Jésus.*

Bois. Haut., 58 cent.; larg., 46 cent.

ÉCOLE FLAMANDE (XVe siècle)

26 — *L'Ange de l'Annonciation.*

Bois. Haut., 94 cent.; larg., 32 cent.

ÉCOLE FLAMANDE (XVe siècle)

DEUX PENDANTS

27 — *Anges musiciens.*

Bois. Haut., 46 cent.; larg., 19 cent.

ÉCOLE FLORENTINE (Fin du XVe siècle)

28 — *Sainte Catherine d'Alexandrie.*

Haut., [illegible]1 cent.; larg., 29 cent.

ÉCOLE FRANÇAISE (XVIe siècle)

29 — *Portrait de jeune femme.*

Bois. Haut., 27 cent.; larg., 23 cent.

ÉCOLE HOLLANDAISE
(Commencement du XVIe siècle)

30 — *Le Christ chez les Maries.*

Bois. Haut., 54 cent.; larg., 44 cent.

ÉCOLE ITALIENNE (XVIIe siècle)

31 — *Composition allégorique.*

Toile. Haut., 1 m. 27; larg., 88 cent.

ÉCOLE ITALIENNE (XVIIe siècle)

32 — *Portrait de jeune femme.*

Toile. Haut., 46 cent.; larg., 35 cent.

OBJETS D'ART

ET D'AMEUBLEMENT

Faïences

33 — Vase de pharmacie (Taro), faïence hispano-mauresque. Valence, xve siècle.

34 — Vase de pharmacie (Taro), faïence hispano-mauresque. Valence (?), xve siècle.

35 — Vase de pharmacie (Taro), faïence hispano-mauresque. Valence, xve siècle.

36-37 — Deux vases de pharmacie (Taro), faïence hispano-mauresque. xve siècle.

38 — Vase de pharmacie (Taro), faïence. Valence, xve siècle.

39-40 — Deux vases de pharmacie (Taro), faïence hispano-mauresque. xve siècle.

41 — Grand plat à ombilic saillant, faïence hispano-mauresque. Valence, XVe siècle.

42 — Plaque de revêtement, faïence de Valence. XVe siècle.

43 — Plaque de revêtement, faïence espagnole. Valence, XVe siècle. Pendant du numéro précédent.

44 — Plaque de revêtement, faïence espagnole. Valence, XVe siècle. De la même suite que le numéro précédent.

45 — Plaque de revêtement, faïence espagnole. Valence, XVe siècle. De la même série que les trois pièces précédentes.

46 — Épi de faîtage, faïence espagnole. XVe siècle.

47 — Coupe, faïence hispano-mauresque. Fin du XVe siècle.

48 — Plat, faïence espagnole. Valence, XVIe siècle.

49 — Vase en forme de lampe, faïence hispano-mauresque. XVIe siècle.

50 — Vase de pharmacie (Taro) en faïence hispano-mauresque. XVe siècle.

51 — Vase en forme de lampe, faïence hispano-mauresque. XVIe siècle.

52 — Biberon, faïence hispano-mauresque. XVIe siècle.

53 — Coupe avec couvercle, terre dite à la Castellana. Art italien, fin du XVe siècle.

54 — Petit plat. Deruta, fin du XVe siècle.

55 — Petit plat. Deruta, fin du XVe siècle.

56 — Vase de pharmacie (Albarello). Gubbio, commencement du XVIe siècle.

57 — Coupe (Ongaresca). Atelier de Faenza, première moitié du XVIe siècle.

58 — Beurrier en faïence de Delft. XVIIIe siècle.

Orfèvrerie civile

59 — Coupe en jaspe sanguin, monture en argent doré. Italie, XVIe siècle.

60 — Figurine de guerrier romain, attribuée à Juan de Arphé. Art espagnol, XVIe siècle.

61 — Pharmacie, argent ciselé et doré. Art espagnol, XVIe siècle.

62 — Salière, argent gravé, repoussé et doré. Art espagnol, XVIe siècle.

63 — Salière, argent gravé, repoussé, ciselé et doré. Espagne, XVIe siècle.

64 — Salière-poivrière, argent repoussé, gravé et doré. Espagne, XVIe siècle.

65 — Boite à épices, argent fondu, repoussé, ciselé et doré. Espagne, XVIe siècle.

66 — Coupe en argent battu, gravé et doré. Espagne, XVIe siècle.

67 — Coupe en argent battu et doré. Espagne, XVIe siècle.

68 — Aiguière, argent battu, fondu, ciselé et gravé, en partie doré. Espagne, XVIe siècle.

69 — Aiguière, argent battu, repoussé, fondu, en partie doré. Espagne, XVIe siècle.

70 — Aiguière, argent fondu, battu, gravé et ciselé, en partie doré. Espagne, XVIe siècle.

71 — Aiguière, argent fondu, battu, repoussé, gravé et doré. Art espagnol, XVIe siècle.

72 — Chaine d'ordre en argent filigrané. Espagne, fin du XVIe siècle.

73 — Boite, argent battu et repoussé. Art espagnol, XVIIe siècle.

74 — Plateau rond en or repoussé. Espagne, XVIIe siècle.

75 — Écuelle en argent doré. Augsbourg, commencement du XVIIIe siècle.

76 — Nécessaire. Londres, 1754-55.

Orfèvrerie religieuse

77 — Petite plaque en émail translucide sur argent. XIVe siècle.

78 — Plaque en émail translucide sur relief : la Nativité. Art flamand, XVe siècle.

79 — Pendant du numéro précédent : la Descente du Christ aux Limbes. Art flamand, XVe siècle.

80 — Boîte aux saintes huiles en argent fondu, repoussé, gravé et doré. Art portugais, 1454.

81 — Groupe en argent repoussé, fondu et ciselé : la Vierge et l'Enfant-Jésus. Art espagnol, XVe siècle.

82 — Baiser de paix, argent fondu, repoussé, ciselé et en partie doré. Art espagnol, fin du XVe siècle.

83 — Boîte aux saintes huiles, argent fondu, repoussé et doré. Art espagnol, XVe siècle.

84 — Baiser de paix, argent repoussé et bronze doré. Art italien, Milan (?), seconde moitié du XVe siècle.

85 — Croix processionnelle, argent repoussé, fondu, gravé, ciselé et doré en partie. Art espagnol, Valladolid (?), fin du xve siècle.

86 — Encensoir, argent battu, repoussé et argent fondu. Art espagnol, fin du xve siècle ou commencement du xvie siècle.

87 — Monstrance ou custodia, argent repoussé, gravé, ciselé et doré. Art espagnol, commencement du xvie siècle.

88 — Calice, argent repoussé, ciselé et doré. Art espagnol, première moitié du xvie siècle.

89 — Boite aux saintes huiles, argent repoussé et gravé. Art espagnol, xvie siècle.

90 — Reliquaire, cristal de roche et argent doré. Art espagnol, xvie siècle.

91 — Baiser de paix, argent fondu, gravé, ciselé et doré. Espagne, xvie siècle.

92 — Bras-reliquaire, argent repoussé et ciselé. Art espagnol, xvie siècle.

93 — Bras-reliquaire, argent repoussé et gravé. Art espagnol, xvie siècle.

94 — Calice, argent ciselé, gravé et en partie doré. Espagne, xvie siècle.

95 — Encensoir, argent fondu, repoussé et gravé. Art espagnol, xvie siècle.

96 — Navette à encens, argent. Art espagnol, xvie siècle.

97 — Crucifix, argent repoussé, ciselé et doré et ébène. Art espagnol, xvie siècle, attribué à Juan de Arphé.

98 — Buste-reliquaire, argent repoussé, ciselé, en partie doré. Art portugais, xvie siècle.

99 — Bas-relief : saint Martin donnant à un pauvre la moitié de son manteau. Art italien, argent, xvie siècle.

100 — Statuette de saint François de Madrid, argent repoussé et ciselé. Art espagnol, seconde moitié du xvie siècle.

101 — Grand coffret en argent repoussé, ciselé et décoré d'émaux translucides. Art espagnol, xviie siècle.

102 — Boite carrée en argent repoussé, ciselé et doré. Fin du xvie siècle.

103 — Bas-relief en argent repoussé. xviie siècle.

Antiques — Objets divers

104 — Figurine de femme, terre cuite grecque. Tanagra.

105 — Cippe à section rectangulaire, marbre grec.

106 — Buste de Dionysos, marbre grec.

107 — Petite coupe, art barbare. iiie ou ive siècle, or.

108 — Tête d'homme, marbre blanc. Art romain.

109 — Tête de femme, marbre romain.

110 — Coffret, cuir repoussé et ciselé. Art français, fin du xiiie siècle.

111 — Poids en bronze, incrusté d'argent. Travail byzantin antérieur au xve siècle.

112 — Lutrin, fer forgé. Art espagnol, xve siècle.

113 — Lutrin, fer forgé. Art espagnol, xve siècle.

114 — Coffret en fer, damasquiné d'or et d'argent. Art italien, Milan ou Venise, commencement du xvie siècle.

115 — Pupitre de fer forgé et ciselé. Espagne, xvie siècle.

116 — Deux flambeaux, fer forgé. Espagne, xvie siècle.

117 — Retable en bois et fer, destiné à renfermer des reliques. Art espagnol, 1579.

118-119 — Deux lutrins, fer forgé. Espagne, fin du xvie siècle.

120 — Manche de couteau liturgique, buis sculpté. Art italien, XIVe siècle.

121 — Coffret en bois, décoré d'appliques s'enlevant sur un fond doré. Art italien, XVe siècle.

122 — Petit coffret, bois de noyer. Art espagnol, XVe siècle.

123 — Coffret en noyer sculpté. Art italien, XVIe siècle.

124 — Coffret, bois de noyer sculpté, rehaussé de peintures et de dorure. Art italien, XVIe siècle.

125 — Coffret, bois de noyer sculpté et doré. Art italien, XVIe siècle.

126 — Coffret de mariage en bois doré. Époque Louis XV.

127 — Retable en bois peint et doré. XVIe siècle.

128 — Livre d'Heures. Art français, XVe siècle.

129 — Volume manuscrit espagnol. XVIIe siècle.

130 — Manuscrit oriental.

131 — Arbalète à jalet. Époque de Henri IV.

132 — Pistolet à rouet. Art allemand, XVIe siècle.

133 — Pistolet à rouet. Art allemand, fin du XVIe siècle.

134 — Miniature attribuée à J. Petitot : portrait d'un jeune homme. Époque Louis XIV.

135 — Miniature sur cuivre : portrait d'un jeune homme. Hollande, fin du XVIIe siècle.

Ivoires

136 — Boîte à hosties. Art latin, Ve ou VIe siècle.

137 — Vase. Art carolingien, IXe ou Xe siècle.

138 — Manche de couteau. Art arabe, Xe siècle (?). (Dent d'hippopotame ?)

139 — Plaque provenant d'un coffret. Art espagnol, XIe siècle.

140 — Plaque : un Apôtre. Art allemand (?), XIe siècle.

141 — Crosse. Art français, XIIe siècle.

142 — Crosse. Art français, XIIe siècle.

143 — Diptyque. Travail français, commencement du XIVe siècle.

144 — Feuillet gauche d'un diptyque. Art français, commencement du XIVe siècle.

145 — Diptyque. Art français, XIVe siècle.

146 — Diptyque. Art français, XIVe siècle.

147 — Diptyque. Art français, XIVe siècle.

148 — Diptyque. Art français, XIVe siècle.

149 — Diptyque. Art français ou italien, XIVe siècle.

150 — Groupe d'applique : la Vierge et l'Enfant-Jésus. Art français, XIVe siècle.

151 — Feuillet droit d'un diptyque. Art français, XIVe siècle.

152 — Feuillet gauche d'un diptyque. Art français, XIVe siècle.

153 — Feuillet droit d'un diptyque. Art français, XIVe siècle.

154 — Boîte de miroir. France, XIVe siècle.

155 — Petit coffret. Art espagnol, XIVe siècle.

156 — Coffret. Art espagnol, XIVe siècle.

157 — Diptyque. Art français, fin du XIVe siècle.

158 — Figurine : l'Enfant Jésus. Art italien, XVIe siècle.

159 — Plaque provenant de la décoration d'un coffret italien. XVe siècle.

160 — Coffret. Art piémontais, fin du XVe siècle.

161 — Bas-relief. Art piémontais, XVe siècle.

162 — Baiser de paix. Art français, xve siècle.

163 — Tête de mort. Art espagnol, xvie siècle.

164 — Figurine : un ange. Art espagnol, xvie siècle.

165 — Figurine : l'Enfant Jésus. Art espagnol, xvie siècle.

166 — Plaque. Art russe, xvie siècle.

167 — Plaque. Art flamand, fin du xvie siècle.

168 — Plaque. Art espagnol ou portugais, exécutée en Extrême-Orient. xvie ou xviie siècle.

169 — Figurine-applique : jeune enfant endormi, attribuée à François Duquesnoy, dit François Flamand. Commencement du xviie siècle.

170 — Médaillon. Art espagnol, commencement du xviie siècle.

171 — Peigne. xviiie siècle.

Émaux champlevés

172 — Grande croix, cuivre gravé, champlevé, émaillé et doré. Limoges, xiie siècle.

173 — Flambeau d'autel, cuivre gravé, champlevé, émaillé et doré. Limoges, xiie siècle.

174 — Croix d'autel, cuivre gravé, champlevé et émaillé. Limoges, XIIe siècle.

175 — Petite croix, cuivre gravé, ciselé, champlevé, émaillé et doré. Limoges, XIIe siècle.

176 — Croix, cuivre gravé, champlevé, émaillé et doré. Limoges, fin du XIIe siècle.

177 — Applique, cuivre champlevé, gravé, émaillé et doré. Limoges, fin du XIIe siècle.

178 — Châsse, cuivre champlevé, émaillé, gravé et doré. Limoges, fin du XIIe siècle.

179 — Croix, cuivre champlevé, gravé, émaillé et doré. Limoges, fin du XIIe siècle ou commencement du XIIIe siècle.

180 — Christ en croix, art limousin, cuivre battu, gravé, champlevé, émaillé et doré. Fin du XIIe ou commencement du XIIIe siècle.

181 — Croix, cuivre champlevé, gravé, émaillé et doré. Limoges, commencement du XIIIe siècle.

182 — Croix, cuivre gravé, champlevé, émaillé et doré. Limoges, commencement du XIIIe siècle.

183 — Plaque de reliure, cuivre gravé, champlevé, émaillé et doré. Limoges, commencement du XIIIe siècle.

184 — Petite châsse ou boîte aux saintes huiles, cuivre champlevé, gravé, émaillé. Limoges, commencement du XIIIe siècle.

185 — Châsse, cuivre champlevé, ciselé, gravé et doré. Limoges, commencement du XIIIe siècle.

186 — Plaque en cuivre champlevé, gravé, émaillé et doré : le Christ de Majesté. Limoges, commencement du XIIIe siècle.

187 — Châsse en cuivre gravé, champlevé et émaillé. Limoges, commencement du XIIIe siècle.

188 — Châsse, cuivre champlevé, gravé, émaillé. Limoges, première moitié du XIIIe siècle.

189 — Navette à encens, cuivre gravé, champlevé, émaillé et doré. Limoges, première moitié du XIIIe siècle.

190 — Plaque en cuivre champlevé, émaillé et doré. XIIIe siècle.

191 — Petite croix en fer et cuivre champlevé et émaillé.

192 — Croix en cuivre champlevé et émaillé. Limoges, XIIIe siècle.

193 — Plaque, cuivre gravé, champlevé, émaillé et doré : le Christ de Majesté. Limoges, XIIIe siècle.

194 — Flambeau d'autel, cuivre gravé, champlevé, émaillé et doré. Limoges, XIIIe siècle.

195 — Pyxide, cuivre champlevé, gravé, émaillé et doré. Limoges, XIIIe siècle.

196 — Pyxide, cuivre gravé, champlevé, émaillé et doré. Limoges, XIIIe siècle.

197 — Pyxide, cuivre gravé, champlevé, émaillé et doré. Limoges, XIIIe siècle.

198 — Pyxide, cuivre gravé, émaillé et doré. Limoges, XIIIe siècle.

199 — Pyxide, cuivre gravé, champlevé, émaillé et doré. Limoges, XIIIe siècle.

200 — Pyxide, cuivre gravé, champlevé, émaillé et doré. Limoges, XIIIe siècle.

201 — Pyxide, cuivre gravé, champlevé, émaillé et doré. Limoges, XIIIe siècle.

202 — Châsse, cuivre champlevé, gravé, émaillé et doré. Limoges, XIIIe siècle.

203 — Châsse, cuivre champlevé, gravé, émaillé. Limoges, XIIIe siècle.

204 — Monstrance, cuivre gravé, champlevé, émaillé et doré. Limoges, fin du XIIIe siècle ou commencement du XIVe siècle.

205 — Navette à encens, cuivre gravé, champlevé, émaillé et doré. Limoges, commencement du XIVe siècle.

206 — Médaillon en cuivre champlevé avec traces d'émail. XIVe siècle.

207 — Fragment de croix. Art français ou espagnol, XIVe siècle.

208 — Croix processionnelle en cuivre gravé, champlevé, émaillé et doré. Limoges (?), XIVe siècle.

209 — Grande croix processionnelle, cuivre gravé et doré, décorée de plaques d'émaux champlevés sur cuivre. Art espagnol, Catalogne (?), fin du XIVe siècle.

210 — Croix en cuivre gravé et doré, décorée de figures en relief et de plaques de cuivre champlevé et émaillé. Art espagnol, Catalogne, fin du XIVe ou commencement du XVe siècle.

Émaux peints

211 — Plaque : la Vierge portant l'Enfant Jésus. Nardon Pénicaud, Limoges, commencement du XVIe siècle.

212 — Médaillon. Nardon Pénicaud, commencement du XVIe siècle.

213 — Deux feuillets de triptyque. Nardon Pénicaud. Limoges, commencement du XVIe siècle.

214 — Baiser de paix. Nardon Pénicaud, commencement du XVIe siècle.

215 — Baiser de paix. Atelier de Nardon Pénicaud, commencement du XVIe siècle.

216 — Plaque : le Christ de Pitié. Atelier des Pénicaud. Limoges, commencement du XVIe siècle.

217 — Plaque : la Mise au tombeau. Atelier de Jean Ier Pénicaud. Limoges, XVIe siècle.

218 — Baiser de paix, Jean II Pénicaud. Limoges, XVIe siècle.

219 — Plaque : une sibylle. Atelier de Jean II Pénicaud, Limoges, XVIe siècle.

220 — Assiette. Jean III Pénicaud, Limoges, XVIe siècle.

221 — Plaque : la Mise au tombeau. Atelier de Jean III Pénicaud, Limoges, XVIe siècle.

222 — Baiser de paix. Couly Ier Noylier, Limoges, XVIe siècle.

223 — Grande plaque rectangulaire : la Descente de Croix, par Pierre Raymond. Limoges, XVIe siècle.

224 — Grande plaque rectangulaire, pendant du numéro précédent, la Mise au tombeau. Pierre Raymond, Limoges, xvie siècle.

225 — Retable composé de neuf plaques, par Pierre Raymond. Limoges, xvie siècle.

226 — Baiser de paix. Pierre Raymond, Limoges, xvie siècle.

227 — Baiser de paix. Pierre Raymond, Limoges, xvie siècle.

228 — Médaillon. Pierre Raymond, Limoges, xvie siècle.

229 — Diptyque. Pierre Raymond, Limoges, xvie siècle.

230 — Coupe. Pierre Courteys, Limoges, xvie siècle.

231 — Plaque rectangulaire. Couly II Noylier, Limoges, xvie siècle.

232 — Deux médaillons ovales. Pierre Courteys, Limoges, xvie siècle.

233 — Deux plaques rectangulaires. Couly II Noylier, Limoges, xvie siècle.

234 — Trois plaques. Atelier des Courteys, Limoges, xvie siècle.

235 — Plaque rectangulaire. Atelier des Pénicaud, Limoges, XVIe siècle.

236 — Enseigne de chapeau. Atelier des Pénicaud, Limoges, XVIe siècle.

237 — Médaillon. Jean Limousin, Limoges, fin du XVIe siècle.

238 — Plaque rectangulaire : le Christ. Jean Limousin, fin du XVIe siècle.

239 — Plaque rectangulaire : la Vierge, par Jean Limousin. Fin du XVIe siècle. Pendant du numéro précédent.

240 — Plaque de miroir. Jean Limousin, fin du XVIe siècle.

241 — Deux plaques en émail peint, par Jean Limousin. Limoges, fin du XVIe siècle.

242 — Médaillon ovale, peint sur émail, attribué à Petitot. Époque Louis XIV.

Bijoux

243 — Fibule. Art barbare, VIe siècle.

244 — Fibule, bronze ciselé et doré. Art barbare, VIe siècle.

245 — Boucle de ceinture, bronze ciselé, gravé et doré. Art barbare, VIe siècle.

246 — Boucle de ceinture, bronze jadis décoré de verroteries. Art barbare, VIe siècle.

247 — Ornement terminal d'une lanière, bronze vert. Art barbare, VIe siècle.

248 — Ornement terminal d'une lanière, bronze vert. Art barbare, VIe siècle.

249 — Ornement terminal d'une lanière. Art barbare, VIe siècle.

250 — Ornement d'une extrémité de lanière. Art barbare, VIe siècle.

251 — Ornement de ceinture ou de harnachement. Art espagnol, XIe ou XIIe siècle.

252 — Pendant de cou, argent. Art byzantin, XIIIe ou XIVe siècle.

253 — Mors de chape, argent doré, décoré de cristal et de cabochons. Art italien, XIVe siècle.

254 — Ornement de ceinture, cuivre filigrané et émaillé. Art mauresque, XIVe ou XVe siècle.

255 — Ornement de ceinture. Art hispano-mauresque, XIVe ou XVe siècle, cuivre doré, filigrané, enchâssant des émaux cloisonnés translucides.

256 — Médaillon ou *Agnus Dei*, en argent gravé et niellé. Italie, xve siècle.

257 — Médaillon en argent niellé. Art italien, xve siècle.

258 — Reliquaire en cristal de roche et en or émaillé. Italie du Nord, Milan (?), fin du xve siècle.

259 — Cassolette, or filigrané et émaillé. Art hispano-mauresque, commencement du xvie siècle.

260 — Bas-relief en argent repoussé et en partie doré : la Mise au tombeau. Art italien, xvie siècle.

261 — Bas-relief : le Christ au Jardin des Oliviers, argent repoussé et ciselé. Art italien, xvie siècle.

262 — Médaillon de suspension. Art italien, xvie siècle.

263 — Pendant de cou, or ciselé et perles fines. xvie siècle.

264 — Bague en or émaillé, art italien, enchâssant un cristal de roche taillé à six pans, d'une façon irrégulière. xvie siècle.

265 — Fragment de bijou, argent ciselé et perles fines. Art espagnol ou italien, xvie siècle.

266 — Médaillon. Art espagnol, Barcelone, xvie siècle.

267 — Amulette en cristal de roche, montée en argent doré. Art espagnol, xvie siècle.

268 — Pendant de cou. Art espagnol, xvie siècle.

269 — Croix reliquaire, or émaillé. Art espagnol, xvie siècle.

270 — Reliquaire de suspension, en or émaillé. Art espagnol, xvie siècle.

271 — Pendant de cou, or émaillé. Espagne, xvie siècle.

272 — Croix en cristal, montée en or émaillé. Art espagnol, xvie siècle.

273 — Croix-reliquaire, or émaillé. Art espagnol, xvie siècle.

274 — Pendant de cou. Art espagnol, xvie siècle.

275 — Pendant de cou, or émaillé. Espagne, xvie siècle.

276 — Bijou pendeloque, or émaillé. Espagne, xvie siècle.

277 — Bague en argent ciselé et doré. Art géorgien, xvie siècle.

278 — Croix-reliquaire en or émaillé. Art allemand, seconde moitié du xvie siècle.

279 — Crucifix en or émaillé. Art espagnol, fin du xvie siècle.

280 — Médaillon. Art espagnol, xvie et xviie siècles.

281 — Bague de fiançailles en or émaillé. Art allemand, commencement du xviie siècle.

282 — Croix pectorale en cristal de roche et or émaillé. Espagne, xviie siècle.

283 — Pendant de cou en or émaillé, sertissant un camée. Art espagnol, xviie siècle.

284 — Pendant de cou, or émaillé. Espagne, xviie siècle.

285 — Bijou-pendeloque, or et perles fines. xviie siècle.

286 — Bijou-pendeloque en forme de navire. Art espagnol, xviie siècle.

287 — Croix, or émaillé. Art espagnol, xviie siècle.

288 — Médaillon-reliquaire en or émaillé. Art espagnol ou portugais, xviie siècle.

289 — Vase de fleurs en or émaillé. Art espagnol, xviie siècle.

290 — Bijou-pendeloque. Art espagnol, xviie siècle.

291 — Médaillon pendeloque en or émaillé. Art espagnol, XVIIe siècle.

292 — Croix pectorale en or filigrané et émaillé. Art espagnol, XVIIe siècle.

293 — Bague en or ciselé et émaillé. Art espagnol, XVIIe siècle.

294 — Collier en or émaillé, décoré de perles et d'une rosace en cristal. Art espagnol, XVIIe siècle.

295 — Médaillon en émail peint : portrait du pape Clément IX (1667-1669).

296 — Médaillon en or émaillé. Art espagnol, XVIIIe siècle.

297 — Bijou pendeloque, faïence d'Alcora. Espagne, XVIIIe siècle.

298 — Épingle de cravate. Art français, XVIIIe siècle.

Sculptures

299 — Groupe en marbre : la Vierge et l'Enfant Jésus. Art français, fin du XIIIe ou commencement du XIVe siècle.

300 — Cinq bas-reliefs provenant d'un retable de la Passion, albâtre. Art français, XIVe siècle.

301 — Un chien, marbre blanc. Art français, XIVe siècle.

302 — Groupe en marbre blanc. France, XVe siècle.

303 — Tête de jeune fille, albâtre. Art français, XVe siècle.

304 — Tête de femme, marbre blanc. Venise, XVe siècle.

305 — Groupe en marbre blanc : la Mise au tombeau. Art italien, fin du XVe siècle.

306 — Groupe en marbre attribué à Nicolas de Vergara (Tolède, 1510-1574) : Saint Jérôme.

307 — Statuette, marbre rouge veiné de blanc : *Ecce Homo*. Art italien, XVIe siècle.

308 — Petit bas-relief en marbre tendre blanc. XVIe siècle.

309 — Bas-relief, pierre peinte et dorée. Art espagnol, XVe siècle.

310 — Buste en terre cuite : la Vierge. Art flamand, XVe siècle.

311 — Buste en terre cuite, peinte, plus grand que nature : la Vierge de Douleur, attribué à Gregorio Hernandez. Espagne, fin du XVIe siècle.

312 — Groupe en terre cuite peinte : la Pietà, par Alonzo Cano. Espagne, xviie siècle.

313 — Trois bas-reliefs en cire colorée, par Bernardo Azzolino, de Naples. Commencement du xvie siècle.

314 — Groupe en bois polychromé : la Vierge et l'Enfant Jésus. Art français, xiiie siècle.

315 — Porte d'armoire de sacristie en bois. Art hispano-mauresque, commencement du xve siècle, provenant de Séville.

316 — Statuette, noyer sculpté, peint et doré : la Vierge. Art espagnol, xve siècle.

317 — Chef-reliquaire, bois sculpté, peint et doré. Art français, xive siècle.

318 — Chef-reliquaire en bois sculpté, peint et doré. Commencement du xvie siècle.

319 — Groupe en chêne sculpté, peint et doré : la Pietà. France, commencement du xvie siècle.

320 — Grand bas-relief en noyer : l'ange Gabriel. Art français, commencement du xvie siècle.

321 — Statuette en bois de mélèze sculpté, peint et doré : la Vierge. Art espagnol, commencement du xvie siècle.

322 — Bas-relief, bois sculpté, peint et doré : la Vierge et l'Enfant Jésus. Art espagnol, commencement du XVIe siècle.

323 — Deux hauts-reliefs : figures d'anges provenant d'un reliquaire, noyer peint et doré. Art espagnol, XVIe siècle.

324 — Statuette en bois sculpté, peint et doré. Espagne, XVIe siècle.

325 — Statuette-applique en bois sculpté, peint et doré. XVIe siècle.

326 — Tête d'enfant, attribuée à Beruguete. Art espagnol, XVIe siècle.

327 — Deux vantaux de porte en bois sculpté, peint et doré. Art espagnol, XVIe siècle.

328 — Buste en bois : saint Jean. Art italien, XVIe siècle.

329 — Deux torchères en noyer sculpté et doré. Art italien, XVIe siècle.

330 — Buste de femme, bois de sapin. XVIe siècle.

331 — Bas-relief, noyer sculpté, peint et doré : le repos en Égypte. Espagne, seconde moitié du XVIe siècle.

332 — Groupe en buis : la Vierge et l'Enfant Jésus. Art espagnol, fin du XVIe siècle.

333 — Statuette en bois peint et doré : la Vierge Marie. Art espagnol. Attribuée au Greco, fin du xvie siècle.

334 — Série de onze statuettes représentant les apôtres. Art italien, première moitié du xviie siècle.

335 — Groupe polychromé : saint Michel terrassant le démon. Art espagnol, xve siècle.

336 — Deux statuettes-appliques provenant d'un calvaire en bois sculpté et peint. Travail espagnol, époque romane.

Bronzes — Cuivres

337 — Croix, bronze fondu et ciselé. Art italien, viie siècle.

338 — Grand lampadaire, bronze vert. Art italien, xiie ou xiiie siècle.

339 — Encensoir, cuivre repoussé, gravé et doré. Limoges, xiiie siècle.

340 — Plaque de châsse, cuivre gravé et doré. Espagne, xive siècle.

341 — Calice, cuivre repoussé et gravé, décoré d'émaux champlevés et d'émaux translucides sur relief. Art italien, Florence ou Sienne, commencement du xve siècle.

342 — Croix, cristal de roche, cuivre gravé et doré. Italie, xve siècle.

343 — Plaquette en bronze doré : la Vierge entourée d'anges, attribuée à Moderno. Art italien, xve siècle.

344 — Boîte aux saintes huiles, cuivre doré, décorée d'émaux. Art espagnol, Catalogne, xve siècle.

345 — Reliquaire, bronzé gravé, repoussé et doré. Art italien, Venise ou Milan, fin du xve siècle.

346 — Encensoir, bronze repoussé, ciselé, en partie doré et en partie argenté. Art italien, fin du xve siècle..

347 — Baiser de paix, bronze fondu, ciselé et doré. Art espagnol, première moitié du xvie siècle.

348 — Vase en verre teinté de vert, monté en bronze doré. Italie, xvie siècle.

349 — Vase en verre teinté de vert, monté en cuivre ciselé et doré. Italie, xvie siècle.

350 — Coupe en verre montée en bronze doré. Italie, xvie siècle.

351 — Croix stationnale en cuivre doré, décorée de bas-reliefs en or repoussé, appliqués sur verre. xvie siècle.

352 — Statuette en bronze : l'Enfant Jésus. Art italien, commencement du XVIIe siècle.

353 — Cartel en bronze. Époque Louis XV.

Meubles

354 — Cabinet, travail espagnol. XVIIe siècle.

355 — Commode en marqueterie. Travail français du temps de Louis XV.

356 — Commode. France, époque Louis XV.

357 — Table-toilette. Fin du XVIIIe siècle.

358 — Canapé, six fauteuils et six chaises en acajou, couverts en tapisserie. Fin du XVIIIe siècle.

359 — Piano du commencement du XIXe siècle.

Étoffes — Dentelles

360 — Chasuble. Art anglais, XVe siècle.

361 — Moitié d'une chasuble. Art italien, XVe siècle.

362 — Chape. Art italien, XVe siècle.

363 — Panneau en velours et en satin tissé d'argent. Art vénitien, XVe siècle.

364 — Panneau de velours incarnat, composé de deux lés. Art espagnol, fin du xve siècle.

365 — Petite nappe. Venise, commencement du xvie siècle.

366 — Manteau de Vierge. Espagne, xvie siècle.

367 — Panneau en broderie. Venise, xvie siècle.

368 — Bandeau de velours. Italie, xvie siècle.

369 — Ornement d'église en brocatelle verte. Italie, xvie siècle.

370 — Trois carrés avec applications. Italie, xvie siècle.

371 — Lé de damas. Art italien, Venise, xvie siècle.

372 — Devant de chasuble. xvie et xviie siècles.

373 — Bandeau en velours et soie brochée. xvie et xviie siècles.

374 — Fragment en velours violet ciselé. Espagne, xviie siècle.

375 — Housse de cheval. Art espagnol, xviie siècle.

376 — Deux lés de damas de soie rouge, tissée d'or et d'argent. Gênes, xviie siècle.

377 — Deux bandeaux de broderies de soie d'or et d'argent. Art italien, XVIIe siècle.

378 — Panneau de trois lés de satin blanc, décorés de motifs polychromes tissés d'or. Art italien, XVIIe siècle.

379 — Panneau avec applications.

380 — Panneau en filet brodé du XVIIe siècle.

381 — Bandeau en satin broché. XVIIe siècle.

382 — Ornement d'église en soie vieux rose et broderie d'or. XVIIe siècle.

383 — Ornement d'église en satin brodé. XVIIe siècle.

384 — Grand panneau en soie brochée. XVIIe siècle.

385 — Lot de bandes de cuir de Cordoue gaufré et peint. XVIIe siècle.

386 — Aumônière en velours et broderie. XVIIe siècle.

387 — Tapis en soie et filet. Travail des colonies espagnoles, XVIIe siècle.

388 — Bannière en satin et peinture. XVIIIe siècle.

389 — Petite bande en satin brodé. XVIIIe siècle.

390 — Dessus de lit. Fin du XVIIIe siècle.

391 — Petit panneau en velours de Scutari.

392 — Bande en tapisserie au point.

393 — Deux fragments de peluche à dessin de palmettes en métal.

394 — Tapis en broderie, travail japonais.

395 — Garniture d'aube, dentelle de Malines ou de Bruxelles. XVIIIe siècle.

396 — Nappe en toile bordée de guipure de Venise, représentant de grands feuillages symétriques, ajourés; à l'intérieur, des motifs divers.

Tapisseries

397 — Tapisserie italienne ou flamande, panneau de grotesques. Modèle italien de l'école de Raphaël, commencement du XVIe siècle.

398 — Tapisserie italienne ou flamande : panneau de grotesques, pendant du précédent. Art italien pour le modèle.

399 — Tapisserie de laine et de soie : Samson combattant les Philistins. Art flamand, Bruxelles, XVIe siècle.

400 — Tapisserie de laine : Concert champêtre. Art flamand, XVIe siècle.

401 — Tapisserie de laine et de soie : scène d'histoire romaine. Flandres, seconde moitié du XVIe siècle.

402 — Tapisserie de laine : scène de chasse. Art flamard, fin du XVIe siècle, Bruxelles.

403 — Tapisserie de laine et de soie : Allégorie sur les arts libéraux. Art flamand, commencement du XVIIe siècle.

404 — Panneau de tapissserie : la Vierge Marie. Art français, XVIIe siècle.

www.ingramcontent.com/pod-product-compliance
Ingram Content Group UK Ltd.
Pitfield, Milton Keynes, MK11 3LW, UK
UKHW032008260826
14628UKWH00005B/2356

9 782329 548524